D-L GOE. VIZITĂ. BUBICO

D-L GOE. VIZITĂ. BUBICO

I. L. CARAGIALE

Florin Dimulescu, Janice Johnson

Artemira Publishing

Contents

D-l Goe – Master Goe

Pentru ca tânărul Goe *să nu mai rămână repetent*[1] și anul acesta, *mam' mare*,[2] *mamițica*[3] și tanti Mița i-au promis să-l ducă în București de *10 mai*.[4]	In order for young Goe *not to be held back a grade* again this year, *Grandma, Mommy* and Aunt Mița promised to take him to Bucharest on *May 10th*.
Dimineața devreme, cele trei doamne, frumos îmbrăcate, împreună cu tânărul Goe, așteaptă cu multă nerăbdare trenul care îi va duce la București. Trenul va ajunge în Gara de Nord la opt fără zece. D-l Goe este foarte nerăbdător:	Early in the morning, the three ladies, beautifully dressed, along with young Goe, wait impatiently for the train that will take them to Bucharest. The train will arrive at North Station ten minutes before eight a.m. Mr. Goe is very anxious:
— Mam' mare! De ce nu mai vine?... Eu vreau să vină acum!	— "Grandma! Why isn't the train coming?... I want it to come right now!"

— Vine, vine imediat, *puișorul*[5] meu! răspunde *cucoana*.[6]

Apoi își sărută nepoțelul și îi *potrivește*[7] pălăria.

Tânărul Goe poartă un costum frumos de marinar. Pălăria sa are o panglică, iar pe panglică scrie: „*le Formidable*."[8] Sub panglică, tanti Mița i-a pus biletul de călătorie. I-a explicat că „așa țin bărbații biletul."

— Vezi ce bine arată — zice mam' mare — cu costumul de marinel?

— Mamițo, nu ți-am spus că nu se zice marinel?

— Dar cum?

— Marinal...

— Ei! Așa se zicea pe vremea mea, când a apărut această modă la copii — marinel.

— Vezi că sunteți proaste amândouă? le întrerupe tânărul Goe. Nu se zice nici marinal, nici marinel.

— "It'll come soon, my *darling," the lady* answers.

Then she kisses her grandson and adjusts the hat on his head.

Young Goe is wearing a nice sailor suit. His hat has a ribbon on it, which reads "*le Formidable*." Aunt Mița placed Goe's train ticket under the ribbon on his hat. She explained "that's how men keep the ticket."

— "Do you see how good he looks with the saileur suit?" says Grandma.

— "Mother, didn't I tell you it is not saileur?"

— "How is it said then?"

— "Sailour..."

— "Ha! That's how they called it in my day when this type of fashion appeared for children — saileur."

— "Do you see how silly you both are?" interrupts young Goe. It's not pronounced *saileur* nor *sailour*."

— Dar cum, *istețule?*[9] întreabă tanti Mița cu un zâmbet *simpatic.*[10]

— Mariner...

— Păi da, *n-a învățat toată lumea carte*[11] ca dumneata! zice mam' mare.

Apoi își sărută iar nepoțelul și îi potrivește din nou pălăria de marinar. Dar nu mai e timp pentru discuții. Sosește trenul și nu stă mult.

Trenul este plin... Niște tineri politicoși fac loc doamnelor să se așeze. Trenul a pornit. Mam' mare își aprinde o țigară. Goe nu vrea să intre în *compartiment*[12] cu cucoanele, ci vrea să stea pe *coridorul*[13] vagonului, cu bărbații.

— Nu!... Nu e voie să scoți capul pe fereastră, *mititelule!*[14] îi zice unul dintre tineri lui d-l Goe și-l trage puțin înapoi.

— "But how then, little wise boy?" Aunt Mița asks with a sympathetic smile.

— "Sailur..."

— "Well, not everyone *has received an education* like you!" says Grandma.

Then she kisses her grandchild once more and fits his sailor hat again. But there is no time for more debate, the train is pulling in and will not stay for long.

The train is full... Some polite, young people make room for the ladies to sit down. The train started to move. Grandma lights a cigarette. Goe does not wish to enter the *compartment* with the ladies, he wants to stand with the male passengers in the car's *corridor.*

— "No!... You are not allowed to stick your head out of the window, *little boy,*" one of the young men says to Mr. Goe and pulls him slightly back.

— Ce treabă ai tu, urâtule? zice mititelul, *smucindu-se.*[15]

Goe *se strâmbă*[16] la urâtul și scoate iar capul afară. Urâtul nici *nu apucă*[17] să-i răspundă, că băiatul își retrage *îngrozit*[18] capul gol înăuntru și începe să strige.

— Mamițooo! Mam' mareee! Tantiii!

— Ce e? Ce e? sar cucoanele.

— Să oprească trenul! strigă și mai tare Goe. Mi-a zburat pălăria! Să opreascăăă!!!

Tot atunci, *conductorul*[19] sosește să vadă cine a urcat la ultima stație.

— Biletele, domnilor!

Cucoanele arată conductorului biletele lor. Apoi îi explică de ce Goe nu are bilet. Biletul lui era în panglica pălăriei. Și dacă a zburat pălăria, a zburat cu panglica și cu biletul. Dar Goe avea bilet...

— "What's it to you, you ugly?" says the little boy, *pulling away.*

Goe *makes a face* at the ugly man and sticks his head out again. Before the ugly man *could* reply, the boy withdrew his bare head inside *terrified* and started shouting.

— "Mommyyy! Grandmaaa! Auntieee!"

— "What? What?" the ladies intervene.

— "Stop the train!" Goe shouted even louder. "My hat flew away! Stooop the traaain!!!"

In the meantime, *the conductor* arrives to see who got on the train at the previous station.

— "The tickets, gentlemen!"

The ladies show the conductor their tickets. They then explain why Goe doesn't have a ticket. His ticket was attached to the ribbon on his hat. Since his hat flew away, so did the ticket. But Goe did have a ticket...

— Vă spun cinstit, chiar eu l-am cumpărat! zice tanti Mița.

Conductorul, *însă,*[20] le cere biletul hotărât. Dacă nu, la stația următoare, trebuie *să-l dea jos*[21] pe d-l Goe. Așa scrie în regulament. Și mai primește și o amendă de 7 lei și 50 de bani.

— Cu ce e vinovat băiatul, dacă i-a zburat pălăria? întreabă mam' mare.

— De ce a scos capul pe fereastră? Eu i-am spus să nu scoată capul pe fereastră! zice urâtul cu *ciudă.*[22]

— Nu-i treaba dumitale! De ce *te amesteci*[23] dumneata? îi zice tanti Mița urâtului...

— Uite, cucoană — explică conductorul — trebuie să plătiți un bilet.

— Să mai plătim? N-am plătit deja o dată? întreabă mam' mare.

— Și pe lângă bilet, încă un leu și 25 de bani.

— "I'm telling you honestly, I bought it myself!" says aunt Mița.

But the conductor firmly requests Goe's ticket. If he does not have one, Mr. Goe must *get off* at the next station. Those are the regulations. He'll also receive a fine of 7 lei and 50 bani.

— "What is the boy guilty of, if his hat flew away?" asks Grandma.

— "Why did he stick his head out of the window? I told him not to stick his head out of the window," says the ugly man with *an ungentle look.*

— "It's none of your business! Why *are you interfering*?" Aunt Mița replies to the man...

— "Look, lady, you will have to pay for a new ticket," explains the conductor.

— "Why should we pay again? Didn't we already pay once?" asks Grandma.

— "And in addition, another leu and 25 bani".

— Și pe lângă bilet?...

— Vezi, dacă nu te liniștești? zice mamița, și-l *zguduie*[24] pe Goe de mână.

— Ce faci? Ești nebună? Nu știi ce sensibil e? zice mam' mare.

Mamița îl trage pe Goe spre ea. Dar, cum vagonul este în mișcare, Goe își pierde echilibrul și se lovește cu nasul în clanța ușii. Începe să urle...

Femeile nu au ce să facă și plătesc biletul. Însă Goe nu rămâne cu capul gol. Mam' mare are întotdeauna multă grijă de el. I-a adus de acasă *o beretă*[25] în plus. Este o beretă „le Formidable", la fel ca pălăria pierdută.

— Te mai doare nasul, puișorule? întreabă mam' mare.

— Nu... răspunde Goe.

— "And in addition?..."

— "See, this is what happens when you don't behave," says Mommy, and *shakes* Goe by his hand.

— "What are you doing? Are you crazy? Don't you know how sensitive he is?" says Grandma.

Mommy pulls Goe towards her. As the train-car is moving, Goe loses his balance and hits his nose on the doorknob. He starts screaming...

The women have no choice but to pay for the ticket. But Goe will not stay bareheaded. Grandma always takes great care of him. She brought the boy an extra *beret* from home. It's a "le Formidable" beret, just like the lost hat.

— "Does your nose still hurt, darling?" Grandma asks.

— "No..." Goe replies.

— Vino, să-l pupe mam' mare, că trece!

Și-l pupă în vârful nasului. Apoi, îi așează frumos bereta pe cap.

— Parcă-i stă mai bine cu bereta!... zice mam' mare privindu-l cu dragoste. Apoi îl sărută dulce.

— Cu ce nu-i stă lui bine? adăugă tanti Mița. Apoi îl sărută și dumneaei.

— Ei, haide!... A pierdut pălăria nouă — și biletul, zice mamița, prefăcându-se foarte supărată.

— Contează să fie el sănătos! zice mam' mare.

Mamița continuă:

— Dar pe mamițica n-o pupi?

— Pe tine nu vreau! zice Goe glumeț.

— Așa? zice mamița. Lasă!... Și-și acoperă ochii cu mâinile și *se preface*²⁶ că plânge.

— "Come, let Grandma give you a kiss, the pain will go away!"

And she kisses him on the tip of his nose. Then, she places the beret nicely on his head.

— "He looks better with a beret!" says grandma, looking at him affectionately. Then she kisses him once more.

— "What doesn't look good on him?" Aunt Mița adds and gives him a kiss too.

— "Well, come on!... He lost his new hat... and the ticket," says Mommy pretending to be very upset.

— "All that matters is that he's healthy!" says Grandma.

Mommy continues:

— "Won't you give Mommy a kiss?"

— "I don't want to!" Goe exclaims jokingly.

— "Is that so?" says Mommy. "So be it!"... And she covers her eyes with her hands and *pretends* to cry.

— Știu eu că te prefaci! zice Goe.

Mamița începe să râdă. Apoi scoate din săculeț ceva și zice:

— Cine mă pupă... Uite!... Ciocolată!

Mamița îl pupă pe Goe, Goe pe mamița și, luând bucata de ciocolată, băiatul iese iar pe coridor.

— Puișorule, nu mai scoate capul pe fereastră!... E mare lucru, ce deștept e! zice mam' mare.

— E ceva de speriat, *pe cuvântul meu!*[27] adaugă tanti Mița.

Pe când Goe își mănâncă afară ciocolata, cucoanele povestesc. Trenul aleargă în continuare.

— Ia mai vezi ce face băiatul afară! zice mamița către mam' mare.

Mam' mare se ridică cu greu și se duce în coridor:

— "I know you're pretending!" says Goe.

Mommy starts laughing. Then she takes something out of her bag and says

— "Who will give me a kiss... Look!... Chocolate!"

Mommy kisses Goe, and Goe kisses Mommy. And taking the piece of chocolate, the boy goes out into the corridor again.

— "Darling, don't stick your head out the window!... Great thing, how smart he is!" says grandma.

— "It's really scary, *on my word!*" adds aunt Mița.

While Goe eats his chocolate outside, the ladies continue chatting. The train keeps on running.

— "Check what the boy is doing outside!" Mommy says to Grandma.

Grandma gets up with difficulty and goes out into the corridor:

— Goe! Puișorule! Goe! Goe!

— "Goe! Darling! Goe! Goe!"

Goe nu e nicăieri.

Goe is nowhere.

— Vai de mine! *țipă*[28] cucoana. Nu-i băiatul! Unde e băiatul?... A dispărut băiatul!

— "Oh my God! the lady *cries out*. The boy is nowhere! Where's the boy?... The boy is gone!"

Și toate cucoanele sar...

And all the ladies rush out...

— A căzut din tren băiatul! Vai de mine, mor!

— "The boy fell off the train! Woe to me!"

Dar deodată, cu tot zgomotul trenului, se aud *bubuituri*[29] în ușa toaletei.

But suddenly, with all the noise of the train, they hear *banging* coming from the toilet door.

— Goe! Ești acolo?

— "Goe! Are you there?"

— Da.

— "Yes."

— Haide! zice mam' mare. Ieși odată! Ne-ai speriat.

— "Come out!" says Grandma. "Get out at once! You scared us."

— Nu pot! *zbiară*[30] Goe dinăuntru.

— "I can not!" Goe *cries* from inside.

— De ce?... Ți-e rău?

— "Why?... Do you feel sick?"

— Nu! Nu pot...

— "No! I can not..."

— E încuiat! zice mam' mare, încercând să deschidă ușa *dinafară*.[31]

— "It's locked!" says Grandma, trying to open the door *from the outside*.

— Nu pot deschide! zbiară Goe *disperat*.[32]

— Vai de mine! I se face rău băiatului înăuntru!

Chiar atunci sosește conductorul și îl eliberează pe Goe. Cele trei cucoane îl sărută ca după o lipsă *îndelungată*.[33]

Mam' mare se hotărăște că e mai bine *să îl supravegheze*[34] pe Goe, ca să nu mai pățească ceva. Goe observă pe hol o bucată roșie de metal pe perete. Are la capăt un mâner. Băiatul se urcă pe geamantan și trage de acel mâner.

— Stai cuminte, puișorule! Să nu strici ceva! zice mam' mare...

Trenul își urmează drumul cu mare viteză. Dar deodată se aude un *șuier*,[35] apoi semnalul de alarmă. Trenul se oprește brusc, cu *o zguduitură*[36] puternică.

— Ce e? Ce s-a întâmplat?...

— "I can not open it!" Goe shouted *desperately*.

— "Oh, my God! The boy is getting sick inside!"

Just then, the conductor arrives and frees Goe. The three ladies kiss him as if it were after a *lengthy* absence.

Grandma decides that it is better *to keep an eye* on Goe so that nothing bad happens to him again. Goe notices a piece of red metal hanging on the wall, in the hallway. It has a handle at the other end. The boy stands up on his suitcase and pulls the handle.

— "Stay calm, darling! Don't break anything!" says Grandma...

The train follows its course at high speed. But suddenly a loud *hiss* comes from outside, then they hear the alarm signal. The train halts abruptly with a loud *jolt*.

— "What is it? What happened?"...

Toți pasagerii sar speriați la ferestre, la uși, pe scări...

— Goe! Puișorule! Goe! strigă tanti Mița și se grăbesc să iasă din compartiment.

Goe este pe coridor... De ce s-a oprit trenul?

Cineva, nu se știe din ce vagon, a tras semnalul de alarmă. Din ce vagon? Conductorul și șeful trenului cercetează fiecare vagon. Cine poate ghici în ce vagon era trasă *manivela*?[37] Ciudat! Tocmai în vagonul de unde a zburat mai devreme pălăria marinarului! Cine? Cine a tras manivela? Mam' mare doarme în capătul vagonului cu puișorul în brațe. Nu se știe cine a tras manivela.

Trenul pornește din nou, în sfârșit, și ajunge în București cu o întârziere de câteva minute. Toată lumea coboară. Mam' mare aranjează frumos bereta lui Goe. Îl privește *duios*,[38] îl întreabă dacă-l mai doare nasul, apoi îl sărută dulce.

All the passengers go to the windows, to the doors, to the stairs...

— "Goe! Darling! Goe!" Aunt Mița shouts and rushes out of the compartment.

Goe is in the hallway... Why did the train stop?

Someone, it is not known from which car, pulled the emergency break. From which car? The driver and the head of the train inspect each car. Who can guess in which wagon the *handle* was pulled? Strange! Exactly in the car from where the sailor's hat flew earlier! Who? Who pulled the handle? Grandma sleeps at one end of the car with the boy in her arms. Noone can know who pulled the handle.

The train finally resumes its course and arrives in Bucharest with a delay of a few minutes. Everyone gets off. Grandma fits Goe's beret nicely. She looks at him *with affection*, asks him if his nose still hurts, and then kisses him sweetly.

Apoi cucoanele se urcă cu puișorul în *trăsură*[39] și pornesc în oraș:	Then the ladies and the boy get on a *horse carriage* and leave for the city:
— La *bulevard*,[40] *birjar!*[41] La bulevard!...	— "To *the boulevard, driver!* To the boulevard!..."

2

Vizită – A Visit

De *Sf. Ion*[42] am mers să o vizitez pe doamna Maria Popescu, o veche prietenă. Era *onomastica*[43] fiului ei, Ionel Popescu, un copilaș drăguț de vreo opt anișori.

On *St. John's Day* I went to visit Mrs. Maria Popescu, an old friend. It was the *name day* of her son, Ionel Popescu, a cute kid about eight years old.

N-am vrut *să merg cu mâna goală*[44] și i-am cumpărat băiețelului o minge mare de cauciuc. Cadoul l-a bucurat mult. Mă aștepta îmbrăcat în uniformă de *maior.*[45]

I didn't want to go *empty-handed,* so I bought the little boy a big rubber ball. He was very happy with the present. He was waiting for me dressed in the uniform of a *major.*

Am început să discut cu mama lui. I-am spus că nu am mai văzut-o în ultima vreme prin oraș sau la petreceri.

I started to talk to his mother. I told her I hadn't seen her in town or at parties lately.

— Ca să fiu sinceră, cât timp era Ionel mic, mai ieșeam. De când a crescut, trebuie să-i fac educația. Și nu știți dumneavoastră, bărbații, cât timp îi ia unei femei educația unui copil, mai ales când mama nu vrea să-l lase fără educație!

— "To be honest, when Ionel was little, I used to go out sometimes. Since he grew up, I have had to take care of his education. And you men do not know how long it takes a woman to school a child, especially when the mother does not want to leave him without education!"

Deodată, auzim dintr-o *odaie*[46] de alături o voce de femeie bătrână:

Suddenly, from the next *room* we hear the voice of an old woman:

— Uite, *coniță*,[47] Ionel *nu se astâmpără!*[48]

— "Look, *ma'am*, Ionel *does not behave!*"

— Ionel! strigă doamna Popescu. Ionel! Vino la mama!

— "Ionel! Mrs. Popescu shouts. Ionel! Come to mommy!"

Apoi, zice către mine, încet:

Then she tells me in a low voice:

— Nu știi ce *ștrengar*[49] se face... și deștept...

— "You don't know what a little *brat* he is turning into... a smart one..."

Dar vocea de dincolo adaugă:

But the voice from the other room adds:

— Coniță! Uite ce face Ionel! Vrea să-mi răstoarne aparatul de cafea!... Ai grijă, că te arzi!

— "Ma'am! Look what Ionel is doing! He wants to turn my coffee machine upside down! ... Be careful, you're going to get burned!"

— Ionel! strigă iar doamna Popescu. Ionel! Vino la mama!

Apoi se ridică repede să meargă după el. Dar când să iasă pe ușă, apare micul maior cu sabia scoasă. Îi oprește trecerea și ia o poziție de luptă. Mama îl ia în brațe și îl sărută.

— Nu ți-am spus să nu te mai apropii de aparat când face cafea?

Doamna Popescu îl mai sărută o dată dulce pe micul maior și-l lasă jos. El pune sabia în teacă,[50] salută militărește[51] și merge într-un colț al camerei plin de jucării. Privind jucăriile, maiorul alege o trâmbiță[52] și o tobă.[53] Atârnă toba de gât, se urcă pe un căluț de jucărie și pune trâmbița la gură. Apoi, în timp ce se leagănă călare,[54] începe să bată toba cu o mână și să sufle în trâmbiță.

— "Ionel! Mrs. Popescu shouts again. Ionel! Come to mommy!"

Then she gets up quickly to go get him. But when she is about to go through the door, the little major appears with his sword out. He steps in front of his mom and takes a fighting position. His mother takes him in her arms and kisses him.

— "Didn't I tell you to stay away from the coffee machine when it's on?"

Mrs. Popescu kisses the little major once more and puts him down. He puts the sword in its scabbard, gives a *military* salute, and walks into a corner of the room full of toys. Looking at the toys, the major chooses *a trumpet* and *a drum*. He hangs the drum around his neck, gets on a toy horse and puts the trumpet to his mouth. Then, as he sways on the horseback, he begins to beat the drum with one hand and blows the trumpet.

Doamna Popescu îmi spune ceva, dar eu nu aud nimic. Îi răspund totuși că nu cred să mai țină mult vremea asta rea. Ea nu aude nimic.

— Ionel! Ionel!! Ionel!!! Du-te dincolo, *mamă*,[55] ne spargi urechile! Nu e frumos, când avem musafiri!

Eu îi explic băiatului că un maior ca el doar dă ordine. Doar soldații obișnuiți cântă în *fanfară*.[56]

Pare mulțumit de explicația mea. Maiorul *descalecă*,[57] își scoate toba de după gât, și apoi o aruncă pe jos. La fel și trâmbița. Apoi începe să comande:

— Înainte! Marș!

Și, cu sabia scoasă, începe să atace *strașnic*[58] tot ce întâlnește în cale. În același timp, *servitoarea*[59] cea bătrână intră cu tava, aducând *dulceață*[60] și cafea.

Mrs. Popescu tells me something, but I can not hear her. However, I answer that I don't think this bad weather will last long. She can't hear me.

— "Ionel! Ionel!! Ionel!!! Go play in the other room, *darling*, our ears hurt! It's not appropriate when we have visitors!"

I explain to the boy that a major like him just gives commands. Only ordinary soldiers play the fanfare.

He sounds happy with my explanation. The major *gets off the horse*, takes off the drum from around his neck, and then throws it on the ground. He proceeds to do the same with the trumpet. Then he starts commanding:

— "Forward! March!"

And, with his sword out, he begins to aggressively attack everything in his way. At the same time, the old *housemaid* enters with a tray, bringing *marmalade* and coffee.

Cum o vede, maiorul se oprește o clipă, ca surprins de *inamic*.[61] Apoi, dintr-odată, maiorul se aruncă asupra inamicului în timp ce urlă ca un *războinic*.[62] Inamicul scoate un *țipăt*[63] de *disperare*.[64]

As he sees her, the major stops for a moment, as if surprised by *the enemy*. Then, suddenly, the major lunges at the enemy, screaming like a warrior. The enemy *screams* in *despair*.

— Oprește-l, coniță, că răstoarnă tava!

— "Stop him, ma'am, he's overturning the tray!"

Doamna Popescu se grăbește să taie drumul maiorului. Servitoarea este salvată, dar doamna Popescu primește o puternică lovitură de sabie în obraz, sub ochiul drept.

Mrs. Popescu hurries to step in the major's way. The maid is saved, but Mrs. Popescu receives a strong sword blow in her cheek, under her right eye.

— Vezi? Vezi, dacă faci nebunii? Era să-mi scoți ochiul... Ți-ar fi plăcut să mă omori? Sărută-mă, să-mi treacă și să te iert!

— "See? See, if you are making mischief? You almost took my eye out... Would you have liked to get me killed? Kiss me, so it gets healed, and I forgive you!"

Maiorul sare la gâtul mamei și o sărută... Mamei îi trece. Iar eu, după ce am luat dulceața, mă pregătesc să beau cafeaua...

The major jumps in his mother's arms and kisses her... Mom feels better. And me, after having a little marmalade, I am getting ready to drink my coffee...

— Vă deranjează fumul de țigară? o întreb eu pe doamna Popescu.

— "Do you mind cigarette smoke?", I ask Mrs. Popescu.

— Vai de mine! La noi se fumează... Soțul meu fumează... și... *dumnealui*...[65] mi se pare că îi cam place.

Și zicând „dumnealui", mama arată râzând spre domnul maior.

— A! Și dumnealui? exclam eu.

— Da, da, dumnealui! Să-l vezi ce *caraghios*[66] e cu țigara în gură, *te prăpădești de râs...*[67] ca un om mare.

— A! Asta nu e bine, domnule maior, zic eu. *Tutunul*[68] este o *otravă...*[69]

— Dar tu de ce fumezi? mă întrerupe maiorul în timp ce se se joacă cu lingura în *cheseaua*[70] cu dulceață.

— Ajunge, Ionel! Destulă dulceață, mamă! Iar te va durea stomacul...

— "Not at all! We smoke in here... My husband smokes... and... *him*... I think he kind of likes it.

And saying "him", mommy points to the major with a smile.

— "Oh! Him too?", I exclaim.

— "Yes, yes, him! How *funny* he looks with a cigarette in his mouth, you'd *burst out laughing* if you saw him... like a grown-up."

— "Oh! That's not good, Major, I say. *Tobacco is poison...*"

— "But why do you smoke?", the major interrupts me as he plays with the spoon in the marmalade *bowl*.

— "Enough, Ionel! You had enough marmalade, darling! Your stomach will hurt again..."

Maiorul *ascultă*[71] după ce mai ia încă vreo trei-patru lingurițe, apoi iese cu cheseaua în *vestibul*.[72]

The major *conforms* after eating another three or four teaspoonfuls, then goes out with the bowl into the *vestibule*.

— Unde te duci? întreabă mama.

— "Where are you going?", mommy asks.

— Vin acum! răspunde Ionel.

— "I'm coming back right away!", Ionel answers.

După un moment, se întoarce cu cheseaua goală. O dă mamei sale, apoi se apropie de mine și îmi ia de pe masă *tabachera*[73] cu țigări. Scoate o țigară, o pune în gură și îmi cere un foc. Eu nu știu ce trebuie să fac. Mama râde și *mă îndeamnă*[74] să îl servesc pe domnul maior. Fumând, ca orice militar, se plimbă foarte serios de colo până colo. Îl privim amândoi cu *admirație*,[75] mai ales mama.

After a moment, he returns with the empty bowl. He gives it to his mom, then approaches me and takes my *cigarette case* from the table. He takes out a cigarette, puts it in his mouth and asks me for a light. I don't know what I should do. His mother laughs and *urges me* to serve the major. Smoking, like any soldier, he walks around very seriously. We both look at him *admiringly*, especially his mother.

Maiorul și-a fumat țigara până la capăt. Apoi fuge la mingea pe care i-am adus-o și începe să o *trântească*.[76]

The major smoked his cigarette to the end. Then he runs to the ball I brought him and starts *bouncing* it.

Mingea sare până la *candelabru*,[77] și lovește *ciucurii*[78] de cristal.

The ball bounces up to *the chandelier*, and it hits the crystal *tassels*.

— Ionel! Astâmpără-te, mamă! Ai să spargi ceva... Vrei să mă superi? Vrei să moară mama?

— "Ionel! Calm down, darling! You're going to break something ... Do you want to upset me? Do you want mommy to die?"

Dar maiorul s-a înfuriat pe mingea care i-a scăpat din mână. O trântește apoi puternic de *parchet*.[79] Între timp, eu ridic ceașca *să sorb*[80] din cafea. Mingea lovește în ceașcă și *mă opăresc*[81] cu cafeaua care se varsă pe pantalonii mei verzui.

But the major got angry at the ball, having lost grip on it. Then he slams it hard on the *wooden floor*. At the same time, I lift my coffee cup to take a sip. The ball hits the cup and I *scald* myself with the coffee spilling it on my greenish pants.

— Vezi ce-ai făcut? L-ai supărat pe domnul! Altădată nu o să-ți mai aducă nicio jucărie!

— "Do you see what you did? You upset the gentleman! He won't bring you any more toys!"

Apoi, se întoarce spre mine, și îmi spune cu multă bunătate:

Then she turns to me, and says with much kindness:

— Nu e nimic! Cafeaua *nu pătează!*[82] Iese cu puțină apă caldă!

— "It's no problem! Coffee does not stain! It comes out with a little hot water!"

Dar nu apucă să termine și, deodată, o văd plină de *spaimă*.[83] Apoi țipă și se ridică de pe scaun:

But before she could finish, she gets very *frightened*. Then she screams and gets up from her chair:

— Ionel! Mamă! Ce ai?

— "Ionel! Darling! What is going on with you?"

Mă întorc și îl văd pe maior *alb ca varul*,[84] cu ochii pierduți. Drăgălașa lui față e acum *strâmbată*.[85] Mama fuge la el, dar imediat maiorul *cade lat*.[86]

I turn and see the major *white as a sheet*, with a lost look. His pretty face is now *crooked*. His mother runs towards him, but immediately the major *passes out*.

— Vai de mine! țipă mama. Îi e rău copilului!... Ajutor! Moare copilul!

— "Oh my God! her mother shouts. My child is sick!... Help! My boy is dying!"

Îl ridic pe maior și îi *deschei*[87] repede cămașa la gât și la piept.

I lift the major and quickly *unbutton* his shirt at his neck and on his chest.

— Nu-i nimic grav! zic eu. Apă rece, vă rog!

— "Nothing serious!", I say. "Some cold water, please!"

Îl *stropesc*[88] bine, pe când mama *se agită*.[89]

I *sprinkle* plenty of water on his face, while his mother *is shaking nervously*.

— Vezi, domnule maior? îl întreb eu după ce își mai revine. Nu ți-am spus eu că tutunul nu e bun? Altădată să nu mai fumezi!

— "See, major?", I ask him after he regains consciousness. "Didn't I tell you that tobacco is not good for you? Don't you ever smoke again!"

M-am ridicat și am lăsat-o pe doamna Popescu liniștită cu scumpul ei maior. Mi-am pus pantofii și *paltonul*[90] și am plecat.

I got up and left Mrs. Popescu alone with her dear major. I put on my shoes and coat and got out.

Când am ajuns acasă, am înțeles de ce maiorul a ieșit pentru un moment cu cheseaua în vestibul — ca să-mi toarne dulceață în pantofi.

When I arrived at home, I understood why the major went out in the vestibule earlier with the bowl for a moment — to pour marmalade into my shoes.

3

Bubico

E ora nouă și nouă minute. Peste șase minute pleacă trenul. Îmi iau repede bilet și alerg spre el. Găsesc un loc alături de o doamnă singură care fumează. Ce noroc!

It's nine past nine. The train will leave in six minutes. I quickly buy a ticket and run to it. I find a seat next to a lady sitting alone and smoking. How lucky!

Intru în compartiment și salut, dar aud imediat un *mârâit.*[91] Lângă cucoană, într-un coșuleț, văd capul unui *cățel.*[92] E plin de *funde*[93] și *panglici*[94] roșii și albastre. Cățelul începe *să mă latre,*[95] ca pe un *hoț.*[96]

I enter the compartment, greet the other passengers and immediately hear a dog *growl*. Next to the lady, in a small basket, I see the head of *a dog*. It is full of red and blue *bows* and *ribbons*. The dog starts barking at me, as if I were a thief.

— Bubico! zice cucoana. — Șezi frumos, mamă!

— "Bubico!" says the lady. — "Sit down nicely, darling!"

„Ce *javră!*"[97] mă gândesc eu.

"What *a mutt!*" I think.

Bubico se liniștește puțin. Nu mai latră. Cucoana îl învelește cu o pătură mică, roșie. Trenul pornește. Se aud pasagerii de pe coridor. Bubico mârâie *arțăgos.*[98]

Bubico calms down a bit. He stops barking. The lady covers him with a small red blanket. The train starts. Passengers can be heard in the corridor. Bubico growls *grumpily*.

Conductorul intră în compartimentul nostru.

The conductor enters our compartment.

— Biletele, vă rog! zice el.

— "Tickets, please!" he says.

Bubico scoate capul foarte sus și vrea să sară afară din coșuleț. Dau biletul meu conductorului ca să îl verifice. Cățelul începe să latre și mai tare.

Bubico pokes his head very high and wants to jump out of the basket. I give my ticket to the conductor to check it. The dog starts barking even louder.

— Bubico! Șezi, drăguțule! spune cucoana și întinde și ea biletul spre conductor.

— "Bubico! Sit down, darling!" says the lady and she, too, hands her ticket to the conductor.

Când mâna conductorului atinge mâna cucoanei, Bubico parcă *înnebunește.*[99] Dar conductorul și-a terminat treaba și iese.

When the conductor's hand touches the lady's hand, Bubico seems *to go crazy*. But the conductor has finished and leaves.

Cucoana își învelește cățelul și îl mângâie. Acum nu se mai aude deloc din coș.

The lady covers her dog and caresses him. Now you can't hear it from the basket at all.

Mă las puțin pe spate și închid ochii. Dar aud apoi *hârșâitul*[100] unui *chibrit*[101] deoarece cucoana își aprinde o țigară.

I lean back a little and close my eyes. But then I hear *the strike* of *a match* as the lady lights a cigarette.

De ce să nu aprind și eu una? A! Din grabă să nu pierd trenul, am uitat să-mi iau chibrituri. Dar nu-i nimic... O să o rog pe mamița lui Bubico...

Why don't I light one too? Oh! In order to make it to the train on time, I forgot to bring matches with me. But no problem... I'm going to ask Bubico's mommy...

Scot o țigară, mă ridic și vreau să mă apropii de cucoană. Dar nu apuc să fac bine o mișcare, că Bubico scoate capul și mă latră mai furios decât pe conductor.

I take out a cigarette, get up and want to get closer to the lady. I hardly start moving, and Bubico already sticks his head out and barks at me more angrily than he did at the conductor.

— Bubico, zice cucoana. — Șezi frumos, dragul meu!

— "Bubico," says the lady. — "Sit down nicely, my dear!"

„*Potaia*[102] dracului!" zic în gândul meu. „N-am văzut niciodată o javră mai urâtă... Dacă aș putea, *i-aș rupe gâtul.*"[103]

"Damned *pooch*!" I say in my mind. "I have never seen an uglier mutt... if I could, *I'd break his neck.*"

În timp ce Bubico latră disperat în continuare, cucoana îmi dă chibriturile să îmi aprind țigara.

While Bubico continues to bark desperately, the lady gives me the matches to light my cigarette.

Îi mulțumesc și mă așez în locul cel mai îndepărtat din compartiment. Mi-e teamă că nu o să mai pot rezista și o să-i dau în cap cățelului când îl mai scoate din coș.

I thank her and sit as far away as possible in the compartment. I'm afraid I won't be able to resist anymore and I'll crack the dog's head the next time she takes him out of the basket.

— Aveți un câine frumușel, zic eu, după câteva momente de tăcere. Dar rău!

— "You have a pretty dog," I say, after a few moments of silence. "But mean!"

— Nu e rău, zice cucoana. Durează până *se învață*[104] cu omul. Nu știți ce cuminte și *fidel*[105] este. Și deștept! E ca un om, domnule! Doar că nu vorbește...

— "He's not mean," says the lady. "It takes him time *to get to know* new people. You don't know how good and *faithful* he is. And smart! He's like a human, sir! He just can't speak..."

Apoi privește către coșuleț și zice cu multă dragoste:

Then she looks towards the basket, and sweetly says:

— Unde-i Bubico?... Nu e Bubico!...

— "Where's Bubico?... He's not here!"

Din coșuleț se aude un *miorlăit*[106] *sentimental.*[107]

A *sentimental wailing* comes from the basket.

— Să-i dea mama băiețelului zăhărel?... Bubico! Bubi!

— "Shall mommy give the little boy some sugar? Bubico! Bubi!"

Cățelul scoate capul cu pănglicuțe... Mamița îndepărtează păturica și-l scoate afară. Bubico se uită la mine și mârâie încet. Eu, speriat, îi zic cucoanei:

— Doamnă! Pentru Dumnezeu, țineți-l să nu sară la mine! Eu sunt *iritabil*,[108] nu știu ce *aș fi în stare*[109] să fac de frică...

Dar cucoana îl ia în brațe pe Bubico, îl mângâie cu toată duioșia, apoi răspunde:

— Vai de mine! Ce crezi dumneata?... Noi suntem cuminți și bine-crescuți... Noi nu suntem *mojici*,[110] ca Bismarck...

— Ca cine? întreb eu.

— Bismarck. Câinele ofițerului care stă la doamna Papadopolini.

După acest răspuns, cucoana scoate din geantă o bucățică de zahăr și întreabă cățelul:

— Cui îi place zăhărelul?...

The dog puts out his ribbon filled head... Mommy removes the blanket and takes the dog out. Bubico looks at me and growls lightly. Scaredly, I say to the woman:

— "Madam! For God's sake, hold him from jumping at me! I easily get *nervous*, and I don't know what *I would be able* to do to him with all this fear..."

But the lady takes Bubico in her arms, caresses him tenderly, and replies:

— "Oh my! What do you think?... We are nice and well-behaved... We are not *cads*, like Bismarck..."

— "Like who?" I ask.

— "Bismarck. The dog of the officer living at Mrs. Papadopolini's."

After this answer, the lady proceeds to take a piece of sugar out of her bag and asks the dog:

— "Who likes sugar?"

Animalul se așază frumos. Stă nemișcat, deși trenul *se clatină.*[111] Latră fericit:

— Ham!

— Să-i dea mamițica băiatului zăhărel?

Bubico latră iar:

— Ham! Ham!

Cățelul prinde bucățica de zahăr și începe *să o ronțăie.*[112] Cucoana scoate apoi o sticlă cu lapte. Îl toarnă într-un pahar.

— Cui îi place lăpticul?

Bubico se linge pe *bot.*[113]

— Ham!

— Să-i dea mamițica lăptic băiatului?

Bubico e nerăbdător.

„Ah!" suspin eu adânc. „Lua-te-ar *hingherul,*[114] Bubico!"

Apoi cucoana apleacă paharul spre botul cățelului. El începe *să lăpăie.*[115]

The animal obediently sits down. He stands motionless, despite the train's *swaying.* He barks happily:

— "Woof!"

— "Shall mommy give the little boy some sugar?"

Bubico barks again:

— "Woof! Woof!"

The dog takes the piece of sugar and starts *nibbling* it. Then the lady pulls out a bottle of milk. She pours it into a glass.

— "Who likes milk?"

Bubico licks his *snout.*

— "Woof!"

— "Shall mommy give the boy some milk?"

Bubico is impatient.

"Ah!" I sigh deeply. "May the *dogcatcher* take you away, Bubico!"

Then the lady leans the glass towards the dog's snout. The dog starts *to drink.*

Dar un pasager se oprește la ușa compartimentului nostru și se uită înăuntru. Bubico se oprește din lăpăit și începe să latre către pasager ca o *fiară*,[116] cu ochii *holbați*.[117] Mușcă și *clănțăne*[118] din dinți și tușește și...

„Vedea-te-aș mort, javră nebună!" gândesc eu. Prin mintea mea încep să treacă tot felul de idei violente...

Pasagerul se retrage de la geam. Bubico s-a liniștit. Cucoana toarnă iar lapte în pahar și bea și dumneaei. Eu simt cum mă cuprind tot mai tare ideile întunecate.

— *Apropo*,[119] zic eu. — Doamnă, vorbeați mai înainte de Bismarck... al...

— Al ofițerului care stă la doamna Papadopolini...

— Ei! Cine e Bismarck?

A passenger stops at the door of our compartment and looks inside. Bubico stops drinking and starts barking at the passenger like a *beast*, with *staring* eyes. He bites and *bares* his teeth and coughs and...

"I'd rather see you dead, you crazy mutt!" I think to myself. All sorts of violent ideas start running through my head...

The passenger steps away from the window. Bubico calms down. The lady pours milk into the glass again and she, too, takes a sip. I feel somber ideas clinging to me more and more.

— "*By the way*," I say. — "Madam, earlier you mentioned something about Bismarck ... the...

— "The dog of the officer staying at Mrs. Papadopolini..."

— "So! Who is Bismarck?"

— Un *dulău*[120] de curte. Era să-l omoare pe Bubico. Doamna Papadopolini are o cățelușă, Zambilica, foarte frumușică! Suntem vecine. Și Bubico îi *face curte!*[121] Servitoarea mea este o *mizerabilă*[122] și o *dobitoacă!*[123] I-am spus, când l-a dus pe Bubico afară de dimineață: „Ai grijă să nu scape, să nu se ducă iar la doamna Papadopolini. Îl omoară Bismarck." Bismarck e dulăul ofițerului, care stă în chirie la ea.

Cucoana tușește cu înțeles, apoi continuă:

— Eu lucram prin casă, când aud de afară țipete. Strig: „Bubico! Unde e băiatul?!" Alerg. Mi-l aducea dobitoaca pe brațe. Abia l-au scos din gura dulăului. Zic: „Vai de mine! Moare băiatul! Stropește-l cu apă!" Cât *am pătimit!*[124]. Două săptămâni *a stat la pat*[125] Bubico. Am adus și doctor. Dar, în sfârșit, slavă Domnului! A scăpat.

— "A *mastiff*. He tried to kill Bubico. Mrs. Papadopolini has a very beautiful puppy, Zambilica! We are neighbors. And Bubico *is courting* her! My maid is *hopeless* and *a blockhead!* I told her when she took Bubico out in the morning: 'Be careful and do not let the dog escape and go to Mrs. Papadopolini again because Bismarck would kill him.' Bismarck is the officer's mastiff, who rents from her."

The lady coughs meaningfully, then continues:

— "I was doing some work around the house when I heard screaming coming from outside. I shouted: 'Bubico! Where is the boy?!' I ran out. My blockhead maid was carrying him in her arms. They had barely saved Bubico from the mastiff's mouth. I say, 'Woe to me! The boy is dying! Sprinkle him with water!' How much *I suffered!* Bubico stayed in bed for two weeks. I also called a vet. But finally, thank God! He recovered."

Cucoana se întoarce apoi către Bubico:

— Mai mergi la Zambilica, băiatule?

Bubico latră:

— Ham!

— Să te mănânce Bismarck... Ștrengarule![126]

— Ham! Ham!

Bubico sare de pe bancă jos și vine spre mine.

— Cucoană! strig eu și îmi ridic picioarele. Eu sunt iritabil, să nu sară pe mine, că...

— Nu, domnule! zice cucoana. Nu vezi că vrea *să se împrieteneascã*?[127] Așa e el, imediat simte cine îl iubește...

— A! zic eu în timp ce îmi vine o idee *diabolică*.[128] A! Simte cine îl iubește... Vrea să ne împrietenim!... Foarte bine!

The lady then turns to Bubico:

— "Do you still want to go see Zambilica, my boy?"

Bubico barks:

— "Woof!"

— "Let Bismarck eat you... you *little brat!*"

— "Woof! Woof!"

Bubico jumps off the bench and comes towards me.

— "Madam!" I shout and lift my legs. "I'm getting nervous, don't let him jump on me, because..."

— "No, sir!" says the lady. "Can't you see he wants *to be friends*? That's right, he immediately recognizes those who love him..."

— "Oh!" I say as I come up with a *diabolical* idea. — "Oh! He feels who loves him... He wants us to be friends!... Very well!"

Și când cățelul se apropie să mă miroasă, iau niște bomboane din bagaj. Le-am adus pentru un prieten la care merg în vizită.

And when the dog comes to smell me, I take out some candy from my luggage. I brought it for a friend I'm visiting.

Scot o bomboană și i-o întind, *cu multă blândețe.*[129]

I take out a piece of candy and hand it to the dog, *very gently.*

— *Cuțu, cuțu!*[130] Bubico! Bubi!

— *"Come here! Bubico! Bubi!"*

Bubico, dând din coadă, se apropie mai întâi *cu puțină sfială*[131] și *îndoială.*[132] Apoi, încurajat de blândețea mea, apucă frumos bomboana și începe să o mestece.

Bubico, wagging his tail, first comes closer *a little hesitantly* and *with doubt.* Then, encouraged by my gentleness, he politely takes the candy and starts chewing it.

— Vezi că v-ați împrietenit! zice cucoana, foarte mulțumită.

— "You see, you are already friends!" says the lady, very pleased.

Apoi cucoana îmi povestește *genealogia*[133] cățelului.

Then, the lady tells me about the dog's genealogy.

Bubico este copilul lui Garson și al Gigicăi. Gigica este soră cu Zambilica doamnei Papadopolini. Așadar, Zambilica este mătușa lui Bubico din partea mamei. Iar în timp ce cucoana îmi povestește, eu încerc să îmi ascund dezgustul pentru cățel, pentru a-mi *îndeplini*[134] planul.

Bubico is the child of Garson and Gigica. Gigica is the sister of Mrs. Papadopolini's Zambilica, so Zambilica is Bubico's maternal aunt. And while the lady is telling me all this, I try to hide my disgust for the dog, in order *to fulfill* my plan.

Folosesc cele mai *înjositoare*[135] *metode*[136] pentru a câștiga încrederea nepotului Zambilicăi. Și, într-adevăr, Bubico se tot apropie de mine. Până la urmă, mă lasă să-l iau în brațe. Simt că îmi bate inima de teamă să nu trădez marele plan pe care mi l-am făcut în minte.

I use the most *degrading methods* to gain the trust of Zambilica's nephew. And, indeed, Bubico keeps coming closer to me. Eventually, he lets me take him in my arms. I feel my heart beat, fearing not to betray the great plan I have created in my mind.

Cucoana este foarte încântată de prietenia pe care mi-o arată Bubico. Eu *cultiv*[137] insistent această prietenie — care este atât de importantă pentru mine — prin mângâieri și bomboane.

The lady is very pleased with the friendship that Bubico is showing me. I insistently *cultivate* this friendship — which is so important to me — through caresses and candy.

— Ei, vezi! Cum v-ați împrietenit... Ce e, Bubico? Ce e, mamă? Îl iubești pe domnul? Da?

— "You see! How you have already become friends... What is it, Bubico? What is it, darling? Do you like the gentleman? Yes?"

Și Bubico răspunde, în timp ce dă fericit din coadă în brațele mele:

And Bubico answers, as he happily wags his tail in my arms:

— Ham!

— "Woof!"

— Așa? *Ai trădat-o*[138] pe mamițica?... Ștrengarule!

— "Is that so? *Did you betray your mommy?*... You little brat!"

Bubico latră:

— Ham! Ham!

— Trebuie să fii om bun! îmi spune cucoana. Nu se apropie el de oricine...

— *Firește*,[139] cucoană. Simte câinele, are *instinct*.[140]

Trenul se oprește în stație. Pe peron se aude lătrat și ceartă de câini. Bubico vrea să plece din brațele mele. Eu îl țin strâns. El începe să latre furios către fereastra vagonului.

Trenul pornește iar. Bubico întoarce capul spre partea de unde se mai aud câinii în depărtare și nu se oprește din lătrat. Eu îl mângâi și încerc să-l liniștesc. Când nu se mai aude nimic, câinele ridică botul în sus și începe să urle... în brațele mele!

„Ah! Bubico — îmi spun eu în gând, mângâindu-l frumos — vedea-te-aș mănuși!"[141]

Bubico barks:

— "Woof! Woof!"

— "You must be a good man!" the lady tells me." He doesn't approach everyone just like that..."

— "*Of course*, madam. The dog can feel it in his *instincts*."

The train stops at a station. Dogs barking in a dog quarrel can be heard on the platform. Bubico wants to get away from my arms. I hold him tight. He starts barking angrily at the car window.

The train starts moving again. Bubico turns his head to the side where the dogs can be heard in the distance and continues to bark. I caress him and try to calm him down. When no barks can be heard anymore, he raises his snout and starts whining ... in my arms!

"Oh! Bubico," I think to myself, caressing him nicely, "*I would so like to see gloves made out of your skin!*"

Dar Bubico urlă fără încetare.

But Bubico continues to whine.

— Doamnă, zic eu. — Nu faceți bine că îl țineți atât de acoperit pe Bubico, în căldură, poate să i se facă rău... Aici e prea cald.

— "Madam," I say, "keeping Bubico covered like this is not good for him, he may feel sick... It's too hot in here."

Mă ridic cu Bubico în brațe și mă apropii de fereastra vagonului. Îl pun pe Bubico jos lângă mamița. Cobor geamul și mă aplec să respir. Afară, noaptea e neagră, ca și ideile mele.

I get up with Bubico in my arms and approach the car window. I put Bubico down next to mommy. I lower the window and bend out to breathe. Outside, the night is black, as are my ideas.

— Bine faci! Să mai iasă fumul de țigară, zice cucoana.

— "Right! Let the cigarette smoke get out," says the lady.

Mă întorc și iau o bomboană. I-o arăt lui Bubico. Cățelul se apropie de mine dând frumușel din coadă.

I turn around and take out some candy. I show it to Bubico. The dog approaches me wagging his tail.

„Doamne! îmi spun în gând. *Jur că au mințit*[142] cei care au scris despre instinctul câinilor! E o minciună! Nu există!"

"God!" I say to myself. "*I swear those who wrote about dogs' instincts lied!* That's a lie! They do not exist!"

Bubico ia bomboana. Îl iau în brațe, merg lângă fereastră și îl ridic în dreptul deschizăturii.

Bubico takes the candy. I take him in my arms, walk to the window and lift him to the opening.

Aerul răcoros îi place foarte mult lui Bubico. Scoate limba și respiră adânc.

— Să nu-l scapi pe fereastră!... Pentru Dumn...

Dar nu apucă mamițica să rostească până la final. Bubico dispare ca un *porumbel*[143] alb în noapte. Zboară înapoi spre București — la Zambilica, probabil. Mă întorc cu fața spre cucoană. Îi arăt mâinile goale și strig disperat:

— Doamnă!

Ea scoate un țipăt. A înnebunit.

— Repede, doamnă, trageți semnalul de alarmă!

O duc la semnal și îi arăt cum să-l tragă. Pierdută de durere, trage manivela cu o forță imensă. Trenul se oprește brusc și se clatină cu putere. Pasagerii sunt speriați.

Bubico is really enjoying the cool air. He puts out his tongue and takes a deep breath.

— "Don't drop him out the window!... For God's..."

But mommy has no time to finish her sentence. Bubico disappears in the night like a white *dove*. He is flying back back to Bucharest, probably to Zambilica. I turn around towards the lady. I show her the my empty hands and shout desperately:

— "Madam!"

She screams. She has gone crazy.

— "Quickly, lady, pull the emergency break!"

I take her closer to it and show her how to pull it. Crushed by pain, she pulls the lever with immense power. The train stops abruptly and shakes violently. The passengers are scared.

— Cine? Cine a tras alarma? întreabă conductorul.

— "Who was it? Who pulled the emergency break?" asks the conductor.

— Dumneaei, zic eu către conductorul trenului și arăt spre cucoana leșinată.

— "It was her!" I say to the conductor and point to the fainting lady.

Trenul se pune din nou în mișcare. La sosire, cucoana s-a trezit din leșin. *Zdrobită*[144] *de nenorocire,*[145] trebuie să semneze *procesul-verbal*[146] care i se adresează pentru folosirea semnalului de alarmă. În timp ce, în mijlocul pasagerilor îngrămădiți, cucoana *se jeleşte,*[147] eu mă apropii de urechea ei. Cu un *rânjet*[148] diabolic, îi șoptesc *răspicat:*[149]

The train starts to move again. Upon arrival, the lady has regained consciousness. *Crushed by misfortune,* she needs to sign *the report* addressed to her for pulling the emergency break. While the lady *mourns* among the crowded passengers, I get closer to her ear. With an evil *grin* I whisper to her *with a clear voice:*

— Cucoană! Eu l-am aruncat pe Bubico. Mânca-i-ai coada!

— "Madam, I let Bubico drop. You can eat his tail now!"

Ea leșină iar... Eu trec ca un *demon*[150] prin *mulțime*[151] și dispar în noaptea neagră...

She faints again. I pass like a *demon* through *the crowd* and disappear in the black night...

Note – Notes

1. ˆa rămâne repetent: a fi obligat să repete un an de studiu din cauza rezultatelor slabe
2. ˆmam' mare, f: (mamă-mare) bunică, mamaie
3. ˆmamițică, f: (mămițică) mămică, mamă
4. ˆ10 mai: sărbătoarea regală și Ziua Națională a României între 1866-1947
5. ˆpuișor, m: (aici) apelativ pentru a alinta o persoană dragă; drag, iubit
6. ˆcucoană, f: doamnă
7. ˆa potrivi: (aici) a aranja, a face să stea bine
8. ˆle Formidable: (în franceză) formidabilul
9. ˆisteț: educat, deștept
10. ˆsimpatic: drăguț, care place
11. ˆa învăța carte: a învăța, a primi educație
12. ˆcompartiment, n: una dintre încăperile separate ale unui vagon
13. ˆcoridor, n: hol, culoar
14. ˆmititel: mic; (aici) copil
15. ˆa se smuci: a se mișca brusc pentru a se elibera
16. ˆa se strâmba: (aici) a-și schimba forma feței
17. ˆa apuca (să facă ceva): a avea (puțin) timp la dispoziție pentru a face ceva
18. ˆîngrozit: foarte speriat
19. ˆconductor, m: persoană care verifică biletele în tren
20. ˆînsă: dar, cu toate acestea
21. ˆa da jos pe cineva (din tren, autobuz): a obliga să coboare

22. ˇciudă, f: (aici) răutate

23. ˇa se amesteca (în treburile cuiva): a interveni, a se băga fără a fi chemat

24. ˇa zgudui: a scutura cu putere

25. ˇberetă, f: șapcă purtată de marinari

26. ˇa se preface: a se comporta într-un mod fals, pentru a păcăli pe cineva

27. ˇpe cuvântul meu: chiar așa, serios, pe bune

28. ˇa țipa: a striga cu glas ascuțit

29. ˇbubuitură, f: zgomot scurt și puternic

30. ˇa zbiera: a striga, a țipa

31. ˇdinafară: din partea exterioară

32. ˇdisperat: lipsit de speranță, descurajat, care nu știe ce să facă

33. ˇîndelungat: care durează mult timp; de durată

34. ˇa supraveghea: a observa, a urmări cu atenție

35. ˇșuier, n: sunet ascuțit și puternic, produs de locomotivă

36. ˇzguduitură, f: mișcare puternică, bruscă

37. ˇmanivelă, f: mâner care pornește sau oprește un mecanism sau un motor

38. ˇduios: cu dragoste

39. ˇtrăsură, f: vehicul tras de cai, folosit pentru transportul persoanelor

40. ˇbulevard, n: stradă mare, principală

41. ˇbirjar, m: persoană care conduce o trăsură

42. ˇSf. Ion: sărbătoare ortodoxă în ziua de 7 ianuarie

43. ˇonomastică, f: (aici) ziua numelui

44. ˇa merge cu mâna goală: a merge în vizită fără cadou

45. ˇmaior, m: ofițer cu grad înalt în armată

46. ˇodaie, f: cameră, încăpere

47. ˇconiță, f: (de la cuconiță) cucoană, doamnă

48. ˇa se astâmpăra: a se liniști

49. ˇștrengar: pus pe glume, neastâmpărat

50. ˇteacă, f: înveliș în care se ține sabia, toc

51. ˇmilitărește: ca un militar, ca un soldat

52. ˇtrâmbiță, f: instrument muzical de suflat, care scoate sunete foarte puternice; trompetă

53. ˆtobă, f: instrument muzical de forma unui cilindru, care scoate sunete prin lovirea cu două bețe
54. ˆcălare: pe cal
55. ˆmamă: (aici) nume folosit de părinți atunci când le vorbesc copiilor
56. ˆfanfară, f: grup muzical (format din militari)
57. ˆa descăleca: a se da jos de pe cal
58. ˆstrașnic: cu putere
59. ˆservitoare, f: persoană angajată în serviciul cuiva pentru treburi casnice
60. ˆdulceață, f: gem, marmeladă
61. ˆinamic, m: dușman, mai ales în război
62. ˆrăzboinic, m: luptător
63. ˆțipăt, f: strigăt ascuțit, urlet
64. ˆdisperare, f: stare de descurajare, în care persoana nu știe ce să mai facă
65. ˆdumnealui: (formă politicoasă pentru) el
66. ˆcaraghios: amuzant, care provoacă râsul, nostim
67. ˆa se prăpădi: a muri; a se prăpădi de râs: a râde foarte tare
68. ˆtutun, m: planta din care se fac țigările
69. ˆotravă, f: substanță care poate provoacă o boală sau chiar moartea
70. ˆchesea, f: (sau chisea) vas mic de sticlă, de cristal sau de porțelan, în care se ține dulceața
71. ˆa asculta: (aici) a se conforma, a face ce i se spune
72. ˆvestibul, n: holul de la intrarea într-o casă
73. ˆtabacheră, f: cutie în care se păstrează țigările
74. ˆa îndemna: a încuraja
75. ˆadmirație, f: încântare, respect, stimă, apreciere față de cineva
76. ˆa trânti: a arunca sau lovi ceva cu putere
77. ˆcandelabru, n: lampă ce atârnă de tavan
78. ˆciucure, m: (aici) ornament care atârnă de candelabru
79. ˆparchet, n: podea din lemn
80. ˆa sorbi: a bea puțin
81. ˆa se opări: a se arde cu un lichid fierbinte
82. ˆa păta: a lăsa urme (pe o haină)

83. ˆspaimă, f: frică, teamă

84. ˆvar, n: material de construcții de culoare albă cu care se vopsesc pereții; alb ca varul: extrem de palid, foarte alb la față

85. ˆstrâmbat: (aici) schimbat, deformat, cu formă neobișnuită

86. ˆa cădea lat: a leșina, a-și pierde cunoștința

87. ˆa descheia: a desface o haină de nasturi

88. ˆa stropi: a uda ușor

89. ˆa se agita: a se mișca repede dintr-o parte în alta, a se neliniști

90. ˆpalton, n: haină groasă și lungă care se ia pe deasupra

91. ˆmârâit, n: sunet jos scos de un animal nervos sau iritat

92. ˆcățel, m: câine (mai mic)

93. ˆfundă, f: panglică făcută nod în formă de fluture

94. ˆpanglică, f: fâșie de material îngustă folosită ca ornament

95. ˆa lătra: (despre câini) a scoate sunete, de obicei în semn de amenințare

96. ˆhoț, m; hoață, f: persoană care fură

97. ˆjavră, f: (aici) câine rău, câine care latră mereu

98. ˆarțăgos: care caută ceartă, certăreț

99. ˆa înnebuni: (aici) a se enerva foarte tare, de parcă ar fi nebun

100. ˆhârșâit, n: sunet produs de chibritul care se freacă de cutie pentru a se aprinde

101. ˆchibrit, n: bețișor de lemn folosit pentru aprinderea focului

102. ˆpotaie, f: câine slab, neîngrijit; javră

103. ˆa rupe gâtul: a omorî, a ucide

104. ˆa se învăța (cu ceva, cu cineva): (aici) a se obișnui

105. ˆfidel: credincios, devotat, loial

106. ˆmiorlăit, n: sunet ca cel scos de o pisică

107. ˆsentimental: dulce, duios

108. ˆiritabil: care se enervează ușor

109. ˆa fi în stare (să facă ceva): a fi capabil, a putea să facă ceva

110. ˆmojic, m: persoană nepoliticoasă, lipsită de educație, de maniere

111. ˆa se clătina: a se mișca dintr-o parte în alta

112. ˆa ronțăi: a mesteca cu zgomot

113. ˆbot, n: partea din față a capului unui animal, unde se află gura

114. ˆhingher, m: persoană care se ocupă cu prinderea (și uneori omorârea) câinilor fără stăpân

115. ˆa lăpăi: (aici) a bea cu zgomot

116. ˘fiară, f: animal sălbatic
117. ˘holbat: (despre ochi) larg deschis
118. ˘a clănțăni: (despre dinți) a se ciocni ritmic
119. ˘apropo: fiindcă a venit vorba, de altfel
120. ˆdulău, m: câine mare și agresiv
121. ˘a face curte (cuiva): a căuta să câștige afecțiunea cuiva, de obicei cu scopul căsătoriei
122. ˘mizerabil: ticălos, nesuferit, netrebnic
123. ˆdobitoc: (aici) lipsit de inteligență sau de bun-simț
124. ˘a pătimi: a suferi
125. ˘a sta la pat: a fi atât de bolnav încât trebuie să stea în pat
126. ˘ștrengar, m: (aici) jucăuș, neastâmpărat
127. ˘a se împrieteni: a deveni prieten (cu cineva)
128. ˆdiabolic: care exprimă răutate, cruzime
129. ˘blândețe, f: calitate de a fi blând; blând: pașnic, prietenos, calm
130. ˘cuțu: strigăt cu care se cheamă câinii (mici)
131. ˘sfială, f: timiditate, rușine
132. ˆîndoială, f: neîncredere, teamă
133. ˘genealogie, f: prezentare a membrilor unei familii, pentru a stabili originea și modul lor de înrudire
134. ˘a îndeplini: a executa, a realiza, a duce la bun sfârșit
135. ˆînjositor: umilitor, lipsit de onoare
136. ˘metodă, f: (aici) mod de a acționa pentru îndeplinirea unui scop; tactică
137. ˘a cultiva: (aici) a căuta să câștige sau să mențină prietenia, bunăvoința, încrederea cuiva
138. ˘a trăda: (aici) a fi neloial față de cineva
139. ˘firește: normal, desigur, bineînțeles
140. ˘instinct, n: sentiment inconștient de prezicere a celor ce urmează să se întâmple; intuiție
141. ˘vedea-te-aș mănuși: (aici) a dori ca blana cățelului să fie folosită la fabricarea mănușilor, pentru ca animalul să fie ucis
142. ˘jur că au mințit: (aici) cu siguranță au mințit; a jura: (aici) a spune cu certitudine, cu siguranță absolută
143. ˘porumbel, m: pasăre comună; porumbelul alb este considerat simbol al păcii
144. ˘zdrobit: (aici) care suferă foarte tare, plin de durere, demoralizat

145. ˆnenorocire, f: întâmplare nefericită, dezastru
146. ˆproces-verbal, n: act în scris prin care se constată un fapt
147. ˆa (se) jeli: a regreta, a-i părea rău de ceva
148. ˆrânjet, n: râs sau zâmbet răutăcios, batjocoritor
149. ˆrăspicat: (despre pronunțarea unor cuvinte) foarte clar
150. ˆdemon, m: spirit rău, drac, diavol
151. ˆmulțime, f: (aici) grup de oameni